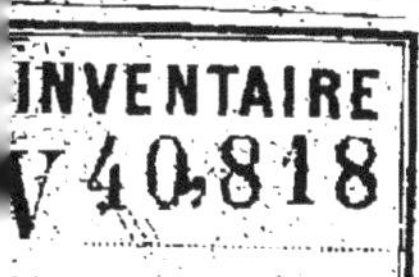

CATALOGUE

DE

L'AGENCE DES BEAUX-ARTS

FONDÉE LE 1er JUIN 1862

POUR

LA LOCATION DES TABLEAUX

DESSINS, ESQUISSES OU ÉTUDES DES ARTISTES

MM. LES ARTISTES PEINTRES

propriétaires de leurs œuvres

F. F. GROBON

artiste peintre, fondateur, directeur-gérant

PRIX : **50** CENT.

POUR LES DÉPARTEMENTS : **60** CENT.

(par la poste)

PARIS

56, RUE DE L'OUEST, 56

8, IMPASSE VAVIN, 8

1862

CATALOGUE

DE

L'AGENCE DES BEAUX-ARTS

CATALOGUE

DE

L'AGENCE DES BEAUX-ARTS

FONDÉE LE 1er JUIN 1862

POUR

LA LOCATION DES TABLEAUX

DESSINS, ESQUISSES OU ÉTUDES DES ARTISTES

MM. LES ARTISTES PEINTRES
propriétaires de leurs œuvres

F.-F. GROBON

artiste peintre, fondateur, directeur-gérant

PRIX : **50** CENT.

POUR LES DÉPARTEMENTS : **60** CENT.
(*par la poste*)

PARIS

56, RUE DE L'OUEST, 56
8, IMPASSE VAVIN, 8

1862

Nous croyons utile de reproduire en tête de ce catalogue les lignes suivantes, dans lesquelles M. Paul Dalloz a résumé la mission artistique de l'agence des beaux-arts :

« N'avons-nous pas vu encore, il y a un mois à peine, se fonder une association aussi éminemment propice à l'éducation artistique de la jeunesse que favorable aux intérêts de quiconque vit du crayon ou du pinceau? Mettre en location les études, les esquisses, les ébauches d'artistes distingués, voire même leurs œuvres achevées, et initier ainsi ceux qui veulent suivre la carrière des arts aux secrets du faire des maîtres, en les introduisant pour ainsi dire dans leurs ateliers; payer les leçons de ces professeurs muets, en versant dans leur bourse le prix de ces locations, et constituer ainsi des intérêts pécuniaires à leur capital-intelligence; tel est le but de cette association à laquelle nous prédisons tout le succès que mérite une entreprise s'appuyant sur de saines idées de justice et de progrès. »

(Extrait du Moniteur universel du 19 avril 1863.)

PROSPECTUS

DE

L'AGENCE DES BEAUX-ARTS

Le goût pour les études sérieuses dans l'art du dessin se répandant de plus en plus, nous avons pensé que MM. les amateurs et élèves s'estimeraient heureux d'avoir pour modèles des tableaux et dessins signés des noms contemporains les plus célèbres, ainsi que beaucoup des études qui ont servi à exécuter leurs œuvres les plus admirées. Ces œuvres, presque toutes inédites par cela même, se distinguent essentiellement de toutes celles qui jusqu'à ce jour ont été mises en location, et qui, trop souvent créées dans un but mercantile, correspondent plus aux exigences de la mode qu'au sentiment du beau.

La pensée d'une collection de cette nature a été parfaitement accueillie par les artistes les plus distingués; et pour m'aider à la mettre à exécution, ils se sont empressés de m'ouvrir leurs ateliers, source inépuisable de tableaux de tout genre. C'est donc d'un commun accord que nous y avons choisi ce qu'il y avait de plus propre à remplir le but que je viens d'exposer.

Artiste moi-même et livré à l'enseignement depuis plus de vingt ans, j'ai reconnu toutes les difficultés que rencontraient les élèves pour se procurer les modèles nécessaires à leurs études. C'est dans la pensée de leur être utile que j'ai réuni toutes ces œuvres, qui forment aujourd'hui une collection vraiment exceptionnelle. Je remercie donc

MM. les artistes qui ont bien voulu me prêter leur précieux concours et m'accepter pour intermédiaire vis-à-vis des amateurs et des élèves.

C'est sous ces auspices que s'ouvre en mon nom, dès aujourd'hui, l'*Agence des Beaux-Arts*, pour la mise en location des œuvres dont on trouvera la description dans le catalogue ci-joint.

F.-Frédéric GROBON,

Artiste peintre, fondateur-gérant inamovible.

AVIS

Chaque tableau, dessin, etc., faisant partie de la collection porte, comme on

1.

le voit au catalogue, un numéro d'ordre.
Cette mesure permettra aux visiteurs de
prendre en note les numéros des ouvrages qu'il leur serait agréable d'avoir en
location. Il suffira alors, au moment op-
portun, d'en faire la demande à l'*Agence
des Beaux-Arts*, par une lettre indiquant
par ordre les numéros qu'on désire
avoir. Si le premier numéro demandé
est en location, on passera au deuxième,
et ainsi de suite, jusqu'à ce qu'un des
numéros désignés soit présent. Il sera
alors expédié dans les vingt-quatre heures qui suivront la demande.

—————

Pour avoir en location des ouvrages
faisant partie de la collection, il suffira,
pour Paris, de se faire présenter par

une personne connue de l'*Agence des Beaux-Arts*.

Pour les départements, on devra se faire connaître comme étant domicilié et connu honorablement dans la localité désignée. Pour cela, on devra ajouter à la première demande une lettre d'un fonctionnaire public attestant qu'on peut, sans danger aucun, délivrer des modèles au demandeur. Cette lettre devra porter le timbre officiel du fonctionnaire ; elle ne le rendra responsable en aucune manière : c'est une simple garantie en vue des valeurs à expédier.

———

Toute reproduction commerciale, de quelque nature qu'elle soit, sera rigoureusement poursuivie, y compris la mise en location des copies, qui est interdite.

RÈGLEMENT

POUR LES LOCATIONS FAITES A L'AGENCE

DES BEAUX-ARTS

Art. 1er. *Les prix* de location fixés par MM. les artistes pour leurs œuvres *sont invariables*.

Art. 2. Comme le prix du mois de location n'est pas augmenté lorsque la durée s'en trouve fractionnée par quinzaine ou par huitaine, *on ne peut louer pour moins de quinze jours.* La première quinzaine dépassée, on comptera le mois; *après le mois,* la location se comptera *par huitaine.*

Art. 3. Les locations commencent du jour de la sortie de l'Agence, pour finir le jour de la rentrée des modèles à la galerie.

Art. 4. L'Agence *livre les modèles à domicile;* le locataire est tenu de les faire remettre à l'Agence, en soldant le montant de la location.

Art. 5. *Dans les départements et hors de Paris,* les frais d'aller et retour sont à la charge des personnes qui louent des modèles ; les frais d'emballage sont faits par l'Agence. *Pour Paris seulement,* l'Agence se chargera de reprendre les modèles, lorsqu'il y aura lieu d'en porter de nouveaux sans discontinuité des locations.

Art. 6. Lorsque une personne habitant un hôtel meublé désirera avoir en location des ouvrages faisant partie de l'Agence, elle sera tenue de déposer, en prenant le modèle, le montant de la valeur qui est fixée par l'auteur; à la rentrée, la somme sera rendue en réglant le prix de la location.

Art. 7. Les accidents qui pourraient survenir aux modèles pendant la location resteront à la charge de MM. les locataires, qui auront alors à s'entendre à cet égard avec M. le directeur-gérant.

LISTE

DES

NOMS DE MM. LES ARTISTES SIGNATAIRES

DANS PARIS ET LES DÉPARTEMENTS

EXPLICATION DES SIGNES

RÉCOMPENSES OBTENUES

✻. Chevalier de la Légion d'honneur.
O. ✻. Officier de la Légion d'Honneur.
✻. Décoration étrangère.

MM.

ACHARD, 4 médailles.

ALIGNY, ✻, directeur de l'Ecole des beaux-arts de Lyon, membre correspondant de l'Agence des Beaux-Arts.

AMAURY (DUVAL), ✻.

AUBERT (JEAN), grand prix de Rome, 1 médaille.

AUDIN.

BARRIAS, ✻, grand prix de Rome.

BARON (STÉPHANE).

BIDA, ✻.

BLIN.

BONHEUR (AUGUSTE), 3 médailles.

BOULANGÉ (LOUIS), 1 médaille.

MM.

BRION, 2 médailles.
BUSSON, 2 médailles.
CABANEL, ❀, grand prix de Rome.
CIBOT, 2 médailles.
COMPTE (CALIX), 2 médailles.
COMTE (CHARLES), ❀.
COROT, ❀.
CURZON (DE), 2 médailles.
DARGENT (VAN).
DROZ (JULES).
DUMAS (MICHEL), 1 médaille, ❀ étrangère.
DUHOUSSET (ÉMILE).
ELMERICH.
EMERIC BOUVRET (Mme).
FLANDRIN (HIPPOLYTE), O. ❀, membre de l'Institut, grand prix de Rome.
FLANDRIN (PAUL), ❀.
FRANÇAIS, ❀.
FROMENT, ❀.
GALLIER, ❀ étrangère.
GÉROME, ❀.
GLAIZE, ❀.
GLAIZE (LÉON).
GLUCK.
GOBERT (A.).

MM.

GRISI (De), à Caen, membre correspondant de l'Agence des Beaux-Arts.

GROBON (Eugène), à Lyon, membre correspondant de l'Agence des Beaux-Arts.

GROBON (F.-Frédéric), fondateur de l'Agence des Beaux-Arts.

GUILLON.

HAMON, ✻.

HARPIGNIES.

HUMBERT.

IMLÉ.

JANMOT, 2 médailles.

LAMBERT (Eugène).

LANOUE, grand prix de Rome, 1 médaille.

LAUVICH.

LAURENS (Jules), 2 médailles.

LAMOTHE.

LEHMANN (Henri), O. ✻.

LEMOINE.

LESECQ (Henri), 1 médaille.

LOUVRIER (de Lajolais).

MARC.

MARIELLE (Mme).

MARTINUS KUGTENBROUVER, O. ✻, étrangère, peintre de S. M. le roi de Hollande.

MM.

MATOUT, ※.

MILLET, sculpteur, ※.

MOUCHOT.

MOUILLERON, ※.

PARAVEY (Henriette Mlle), au Havre, membre correspondant de l'Agence des Beaux-Arts.

PENSOTTI (C. Mme).

RANVIER.

REYBER.

RISLER (Auguste), à Bade, membre correspondant de l'Agence aes Beaux-Arts.

SCHUTZEMBERGER, 1 médaille.

SIGNOL, ※, membre de l'Institut, grand prix de Rome.

STOP.

SCHOUMAKOFF.

TISSOT.

TOULMOUCHE.

NOUVELLES ADHÉSIONS

NAZON.

GIREMERIE (Raoul - Ange - Edouard, Vicomte de La).

DUVAL LE CAMUS ※.

FAVERJON.

BROWNE (Louis).

CATALOGUE EXPLICATIF

Des Tableaux, Dessins, Projets de Tableaux, Cartons, Aquarelles et Etudes peintes ou dessinées d'après nature, et déposées à *l'Agence des Bèaux-Arts*, par MM. les artistes peintres, propriétaires de leurs œuvres, pour être mis en *location* à Paris et dans les départements.

AVIS

LA GALERIE EST OUVERTE TOUS LES JOURS
NON FÉRIÉS

Du 1er avril au 1er octobre, de huit heures du matin
à six heures du soir.

Du 1er octobre au 1er avril, de huit heures du matin
à cinq heures du soir.

PARIS

56, RUE DE L'OUEST, 56
8, *impasse Vavin*, 8

EXPLICATION

DES OUVRAGES DE PEINTURE, DESSINS, AQUARELLES
ET ÉTUDES D'APRÈS NATURE
EXPOSÉS A L'AGENCE DES BEAUX-ARTS

Les ouvrages sont classés ainsi qu'il suit :

ÉTUDE PEINTE. Indique une étude peinte d'après nature, fragment de paysage, une tête, ou natures mortes non composées.

ÉTUDE-TABLEAU. Indique une étude peinte d'après nature, tête ou paysage, etc., faisant motif de tableau.

TABLEAU. Indique une œuvre complète en tout genre.

DESSIN-ÉTUDE. Indique une simple tête, une figure entière, fragment de tableau, ou croquis en tout genre.

DESSIN. Indique une œuvre complète. Soit tête, figure entière isolée, ou composition en tout genre.

AQUARELLE. OEuvre complète.

PASTEL. OEuvre complète.

	Prix des locations par mois. —	Dimension des ouvrages. — haut. m. c.	larg. m. c.

ACHARD.

1 — Étude-tableau.

Paysage, vue prise à Honfleur.................. 12 f.   27   3ℓ

	Prix des locations par mois.	Dimension des ouvrages.	
		haut. m. c.	larg. m. c.
2 — Étude-tableau.			
Paysage, bois de Cernay...	12 fr.	25	38
3 — Étude-tableau.			
Paysage, bois de Cernay...	12	34	26
4 — Étude-tableau.			
Paysage, bois de Cernay...	9	18	26
5 — Étude-tableau.			
Paysage, Roisin (Belgique).	12	24	28
6 — Étude-tableau.			
Paysage, intérieur au Caire.	15	36	28
7 — Étude-tableau.			
Vue prise à Auver (Seine-et-Oise)...............	18	30	44
8 — Étude-tableau.			
Vue prise à Sassenage.....	18	40	32
9 — Étude-tableau.			
Vue prise à Honfleur......	9	34	25
10 — Étude-tableau.			
Une mosquée au Caire.....	30	44	60

ALIGNY,

Membre correspondant à Lyon.

(Au prochain catalogue.)

	Prix des locations par mois. —	Dimension des ouvrages. —	
		haut. m. c.	larg. m. c.

AMAURY-DUVAL.

11 — Dessin-étude.
Tête de femme............ 9 fr. 40 34
12 — Dessin-étude.
Tête de femme.......... 9 40 34

AUBERT (Jean).

13 — Aquarelle.
Tête, portrait de Raphaël,
grandeur naturelle, copié
à la galerie de Florence.. 15 44 32

AUDIN.
(Au prochain catalogue.)

BARRIAS.

14 — Dessin-étude.
Un tambour pour le tableau
du débarquement de Cri-
mée.................... 12 45 30

15 — Aquarelle.
Intérieur de l'église Saint-
Mignato à Florence...... 15 36 26

16 — Aquarelle.
Vue extérieure, porte de
Saint-Rufin (Assise)...... 9 35 25

	Prix des locations par mois.	Dimension des ouvrages.	
		haut. m. c.	larg. m. c.

17 — Dessin-étude.

Tête vue de face......... | 6 fr. | 30 | 30

18 — Dessin-étude.

Un évêque en pied, pour la chapelle Saint-Louis, à Saint-Eustache, (Paris)... | 9 | 44 | 27

19 — Dessin.

Rehaussé de sanguine, un prêtre donnant la sainte communion, figure entière.................. | 9 | 44 | 27

20 — Dessin-étude.

Un évêque, figure entière.. | 9 | 36 | 20

21 — Aquarelle.

Porte Saint-Marc (Venise). | 12 | 30 | 25

22 — Aquarelle.

Vue de Capri............ | 9 | 25 | 47

23 — Aquarelle.

Vue intérieure de Saint-Laurent-hors-les-murs (Rome). | 15 | 21 | 26

24 — Tableau.

Une fileuse (figure entière), Anna Capri........... | 25 | 31 | 22

	Prix des locations par mois. —	Dimension des ouvrages. — haut. m. c.	larg. m. c.
25 — Étude peinte.			
Tête de jeune homme.. ..	9 fr.	41	34

BARON (Stéphane.)

26 — Aquarelle.			
Figure académique (El Dios Martès, copie d'après Velasquez); musée de Madrid	15	49	26
27 — Aquarelle.			
Tête, le bouffon de Goria..	12	28	26

BIDA.

(Au prochain catalogue.)

BLIN.

28 — Étude peinte.			
Souvenir de Cernay.......	4	24	30
29 — Étude peinte.			
Le pont Creuse.	4	20	32
30 — Étude-tableau.			
Un Ane................	15	»	»
31 — Étude-tableau.			
Projet de tableau.........	9	38	32

	Prix des locations par mois.	Dimension des ouvrages.	
		haut. m. c.	larg. m. c.

BONHEUR (Auguste).

32 — Étude-tableau.

Paysage à Hugoat (Finistère). 30 fr. 40 32

33 — Étude.

Le village de Mauriac (Cantal)..................... 15 31 28

34 — Étude.

Mendiante bretonne, figure entière. 15 42 33

BRION.

35 — Une toile

Contenant quatorze pochades, peintes d'après nature, et de costumes variés. .... 15 25 | 28

36 —

Contenant huit pochades, d'après nature, et de costumes variés. 9 26 96

37 —

CABANEL.

(Au prochain catalogue.)

	Prix des locations par mois.	Dimension des ouvrages haut. m. c.	larg. m. c

CIBOT.

38 — Étude-tableau.

Vaux de Cernay............ | 15 fr. | 40 | 58

39 — Étude-tableau.

Vaux de Cernay.......... | 15 | 33 | 61

40 — Étude-tableau.

Sablière, effet du matin à Bellevue............... | 15 | 33 | 61

41 — Étude-tableau.

Figure entière, femme, costume d'Albano......... | 12 | 42 | 35

42 — Étude-tableau.

Femme, costume de Nettuno. | 12 | 42 | 35

43 — Tableau.

Une jeune fille, en costume Louis XV, joue avec un chat et des poissons rouges. | 30 | 90 | 59

44 — Tableau.

Paysage, les Noix.. .. .. .. | 25 | 35 | 56

45 — Tableau.

Paysage, vue prise en face de Châtenay, *non en location*, déposé pour être vendu.. | » | 35 | 56

	Prix des locations par mois.	Dimension des ouvrages. haut. m. c.	larg. m. c.
46 — Tableau.			
Ferme à Orsay..............	18 fr.	»	»
47 — Étude-tableau.			
Vue de Naples au bord de la mer.	15	32	25
48 — Étude-tableau.			
Vue à Assise................	12	32	48
49 — Étude-tableau.			
Vue à Dinard, près Saint-Malo.................	12	»	»
50 — Tableau.			
Paysage, Saulx - les - Chartreux..................	18	»	»
51 — Tableau.			
Paysage, Monfort-Lamaury.	20	»	»
52 — Tableau.			
Paysage, Sceaux, chemin des Chesneaux.............	30	»	»
53 — Tableau.			
Paysage, forêt de Rambouillet du côté de Montfort-Lamaury..............	20	»	»
54 — Tableau.			
Sainte Thérèse à mi-corps et plus grande que nature.	60	»	»

	Prix des locations par mois.	Dimension des ouvrages.	
		haut. m. c.	larg. m. c.

55 — Tableau.

La sainte Vierge et l'enfant Jésus, grandeur naturelle à mi-corps (genre école florentine). . . . . 40 fr. » »

56 — Tableau.

Figure mi-corps, copié d'après le Titien à Florence : la Flora. 20 33 25

57 —

Collection de dessins pour sujets religieux, pour tableaux, fresques et vitraux. (Prix variés.)

COMPTE (Calix).

58 — Dessin-étude.
(Description au prochain catalogue.)

59 — Dessin-étude.
(Description au prochain catalogue.)

60 — Dessin-étude.
(Description au prochain catalogue.)

61 — Dessin-étude.
(Description au prochain catalogue.)

2.

	Prix des locations par mois.	Dimension des ouvrages.	
	—	haut. m. c.	larg. m. c.

COMTE (CHARLES).

62 — Étude peinte.
Un Lévrier.

	Prix	haut.	larg.
62 — Étude peinte. Un Lévrier	10 fr.	14	20
63 — Un intérieur, copie d'après Pierre de Hoog	9 fr.	32	26

COROT.

	Prix	haut.	larg.
64 — Étude peinte. Vue prise à Dezanzano (Italie)	20	34	44
65 — Étude-tableau. Vue prise à Ville-d'Avray (Seine-et-Oise)	12	26	47
66 — Étude-tableau paysage. Vue prise à Marcoussis, près Montlhéry	12	30	53
67 — Étude peinte. Vue prise à Mûr (Côte-d'Or)	4	24	43
68 — Étude peinte. Vue prise à Isigny (Calvados)	6	23	19
69 — Étude peinte. Vue prise à Marcoussis.	10		45

	Prix des locations par mois.	Dimension des ouvrages.	
	—	haut. m. c.	larg. m. c.

70 — Étude peinte.
Vue prise à Genève........ 12 fr.   25   3

71 — Étude-tableau.
Vue prise à Auver (Seine-et-
Oise), Ile-Adam......... 6 fr.   31   24

72 — Étude peinte.
Vue de Saint-Pierre de
Rome, prise de la villa
Pamphili............... 6   24   43

73 —

74 — Étude peinte.
Figure de femme à mi-corps. 6   58   48

CURZON (De).

75 — Étude peinte, paysage.
Environs du pont du Gard.. 9   30   19

76 — Étude peinte, paysage.
Environs de Poitiers...... 4   30   19

77 — Aquarelle.
Vue de Grasse........... 15   30   19

78 — Aquarelle.
Vue d'Italie............ 12   30   19

79 — Aquarelle.
Bords du Tibre.......... 12   23   41

	Prix des locations par mois.	Dimension des ouvrages.	
	—	haut. m. c.	larg. m. c.

80 — Dessin sur papier teinté.

| Ponte Mammolo. . . . . | 6 fr. | 27 | 39 |

81 — Dessin-étude sur papier teinté.

| Fontainebleau. . . . . | 6 | 27 | 38 |

82 — Dessin sur papier teinté.

| Tivoli. . . . . | 6 | 27 | 38 |

DARGENT (Yan).

83 — Tableau.

| Rochers de la pointe de Kœr-morvan (Finistère). . . . . . | 30 | 1 22 | 90 |

84 — Étude peinte.

| Menhir des plaines de Kœr-morvan (Finistère). . . . . . . | 10 | 17 | 38 |

DROZ (Jules).

(Au prochain catalogue.)

DUMAS (Michel).

85 — Dessin rehausse de pastel.

| Paysan romain. . . . . | 12 | » | » |

86 — Dessin.

| Tête de femme. . . . . | 5 | » | » |

	Prix des locations par mois.	Dimension des ouvrages.	
	—	haut. m. c.	larg. m. c.

87 — Dessin.

Tête, le Dante d'après Raphaël................ . — 6 fr. — 45 — 35

88 — Dessin.

Tête, enfant d'après Raphaël................... — 6 — 35 — 30

89 — Dessin.

Tête, femme d'après Raphaël........ .... — 6 — 45 — 35

90 — Dessin.

Tête pour un saint Pierre. — 5 — 40 — 30

DUHOUSSET (Emile).

VOYAGE EN PERSE.

100 — Études, dessins rehaussés.

Chameaux de Perse (Bactriane)................... — 6 — » — »

101 — Études, dessins rehaussés.

Chevaux persans.......... — 6 — » — »

102 — Études, dessins rehaussés.

Costumes persans......... — 6 — » — »

103 — Études, dessins rehaussés.

Costumes militaires français. — 6 — » — »

	Prix des locations par mois.	Dimension des ouvrages.	
		haut. m. c.	larg. m. c.
104 — Aquarelles.			
Têtes de Kurdes.........	6 fr.	»	»
105 — Aquarelles.			
Têtes d'Afghans..........	6	»	»
106 — Aquarelles.			
Têtes de Turcomans......	6	»	»
107 — Dessin au fusain, d'après nature, à Héliopolis.			
Arbre de la Vierge........	»	»	»

On trouve à l'Agence des Beaux-Arts un album de neuf planches des dessins à la plume de chevaux et chameaux d'Asie, dessinés d'après nature, par Duhousset (Emile).

ELMERICH.

	Prix	haut.	larg.
108 — Tableau, paysage.			
Bords de la Marne........	15	37	28
109 — Tableau, paysage.			
Un homme à cheval vu de dos ; le retour.........	9	26	20
110 — Étude-tableau.			
Un escalier ; porte de jardin.	15	33	23
111 — Tableau.			
Les laveuses au bord de la Marne................	11	20	15

	Prix des locations par mois. —	Dimension des ouvrages. haut. m. c.	larg. m. c.
112 — Tableau.			
La petite filleule...	9 fr.	20	17
113 — Tableau.			
Le marché aux bestiaux....	12	14	20
114 — Étude peinte.			
Le cheval à l'écurie.......	6	15	14
115 — Tableau.			
Four à plâtre à Belleville...	9	19	24
116 — Tableau.			
Repas sous bois.	9	14	23
117 — Dessin au fusin, paysage.			
Réveil du cerf.	20	52	38
118 — Dessin au fusin.			
Souvenir du lac..........	10	14	18
119 — Dessin au fusin.			
Bord de la mer.........,	6	10	12

ÉMERIC-BOUVRET (Mme).

	Prix	haut.	larg.
120 Étude peinte.			
Fleurs.................	6	27	22
121 — Aquarelle.			
Fleurs. ....,....	12	21	16

	Prix des locations par mois.	Dimension des ouvrages.	
	—	haut. m. c.	larg. m. c.

122 — Étude-tableau.
Magnolias.............. 15 fr. » »

123 — Aquarelle sur soie.
Un éventail; roses variées.. 24 · 25 · 46

FLANDRIN (HIPPOLYTE).

124 — Étude.
Académie peinte, jeune homme vu de dos....... 20 · 61 · 27

125 — Étude peinte.
Tête de jeune fille vue de face................ 20 · 33 · 24

FLANDRIN (PAUL).

126 — Étude-tableau.
Paysage, forêt de Sénart... 15 · 28 · 37

127 — Étude-tableau.
Environs de Marseille..... 15 · 29 · 37

128 — Étude-tableau.
Villa Borghèse............ 15 · 28 · 19

129 — Étude-tableau.
Entrée d'un bois, Triguy-Reims................ 15 · 36 · 29

	Prix des locations par mois. —	Dimension des ouvrages. — haut. m. c.	larg. m. c.
130 — Étude peinte.			
Lac d'Enghien............	8 fr.	20	2**5**
131 — Étude-tableau.			
Chênes verts, environs de Pertuis (Provence.)......	12	27	35
132 — Étude-tableau.			
La Bia-Douise. (Provence.)	12	27	38
133 — Dessin-étude (mine de plomb).			
La Fuite en Egypte, d'après L......................	5	27	21
134 — Dessin (mine de plomb).			
Jeune femme à mi-corps..	6	30	22
135 — Dessin (mine de plomb).			
Masque d'après l'antique...	5	24	20
136 — Dessin (mine de plomb).			
Jeune fille (buste)........	6	25	21
137 — Dessin (mine de plomb).			
Sur papier teinté, paysage à Vireppe (Dauphiné).....	8	20	27
138 — Étude peinte.			
Nègre vu de dos (académie)...............	8	toile de 25	
139 — Étude peinte.			
Nègre vu de face (académie)...............	8	toile de 25	

3

	Prix des locations par mois. —	Dimension des ouvrages. —	
		haut. m. c.	larg. m. c.
140 — Étude peinte.			
Paysage, mer basse au Tréport....................	12 fr.	27	33
141 — Étude peinte.			
Une Vache...............	10	12	11
142 — Étude-tableau.			
Environs d'Aix (Provence).	30	45	35
143 — Tableau.			
Paysage : Saint-Jérôme....	40	58	48
144 — Étude peinte.			
Les Maronniers des Tuileries....................	12	25	35
145 — Étude peinte.			
Bords de la mer (Marseille).	10	25	35
146 — Tableau.			
Copie de l'Automne du Poussin................	10	22	29
147 — Dessin-étude (mine de plomb).			
D'après une terre cuite....	6	26	22

FRANÇAIS.

148 — Étude peinte.			
Paysage, les Bois coupés...	4	31	24

	Prix des locations par mois. —	Dimension des ouvrages. — haut. m. c.	larg. m. c.
149 — Étude peinte. Bords de la Seine (Bougival)..................	4 fr.	22	39
150 — Étude peinte. Champ de blé (Nemours)..	4	16	34
151 — Étude peinte. La Gerbe (Nemours).......	4	20	36
152 — Étude peinte. Castel Gandolf.	4	24	33
153 — Étude peinte. Repos des Moissonneurs (Nemours)..............	4	22	38
154 — Étude peinte. La Moisson (Nemours)....	4	32	40
155 — Étude-tableau. Effet d'orage.............	9	35	50
156 — Étude-tableau. Effet du matin (bas Meudon)..................	9	29	45
157 — Étude peinte. Pins (Hyères).............	4	28	38
158 — Étude-tableau. Bords de l'Indre (Touraine).	9	30	45
159 — Étude peinte. Un Rocher (Nepi).........	6	42	55

	Prix des locations par mois.	Dimension des ouvrages. haut. m. c.	larg. m. c.
160 — Étude peinte.			
Paysage (Frascati).........	4 fr.	21	32
161 — Étude, tableau.			
Figure à mi-corps : Jeune Femme au tambourin....	9	45	26
162 — Étude-tableau.			
Payage : Environs de fermes, (Nemours).............	6	27	40
163 — Étude peinte.			
Bords de la Seine (Bougival).	4	25	38
164 — Aquarelle.			
Lac de Némi.............	40	38	58
165 — Aquarelle.			
Château de Népi..........	24	44	27
166 — Aquarelle.			
Vue de Genzano (Rome)....	24	27	42
167 — Aquarelle.			
Vue de Némi.............	24	27	42

FROMENT.

168 — Dessin gouaché, grisaille.			
Figures d'enfants nus ; les Papillons..............	9	9	16
169 — Dessin gouaché, grisaille.			
Les Sauteurs, enfants nus.	9	9	16

	Prix des locations par mois. —	Dimension des ouvrages. —	
		haut. m. c.	larg. m. c.

170 — Dessin gouaché, grisaille.

| Manufacture de Sèvres, enfants nus............ | 9 fr. | 9 | 16 |

171 — Tableau.

| Jeunes Femmes, costumes antiques ; la Danse des OEufs................ | 40 | 50 | 62 |

172 — Tableau.

| L'hiver (deux figures)..... | 15 | 60 | 50 |

173 — Dessin.

| Double bas-relief, figures académiques........... | 40 | 45 | 75 |

174 — Dessin.

| Composition au trait et lavis sur papier végétal : La Comédie.............. | 6 | 15 | 26 |

175 — Dessin.

| Composition au trait et lavis sur papier végétal : la Tragédie.............. | 6 | 15 | 27 |

176 — Dessins.

| Sous un même verre deux sujets : Les Bulles de Savon et Sœur, attends-moi ; le premier dessin est achevé, le second au trait et lavis. | 12 | 15 | 14 |

	Prix des locations par mois. —	Dimension des ouvrages. — haut. m. c.	larg. m. c.
177 — Dessin étude.			
Tête de femme de profil, à la sanguine et au blanc...	6 fr.	20	16
178 — Dessin-étude.			
Tête de femme voilée, à profil, dessin gouaché...	6	26	21

GALLIER.

	Prix des locations par mois.	haut.	larg.
179 — Dessin à plusieurs crayons, figure entière.			
Un Enfant, berger italien...	6	34	25
180 — Dessin à plusieurs crayons, figure entière.			
Jeune Homme, berger italien...	6	37	26
181 — Aquarelle.			
Tête : Un Pèlerin...	6	20	16
182 — Aquarelle.			
Paysage ovale : Vue d'Italie.	12	35	24
183 — Aquarelle, figure entière.			
Jeune Italienne...	9	43	26
184 — Dessin.			
Paysage : Vue d'Italie...	6	20	25
185 — Aquarelle.			
Paysage : Vue d'Italie...	6	30	44
186 — Dessin.			
Chemin dans un bois...	6	18	26

	Prix des locations par mois.	Dimension des ouvrages.	
		haut. m. c.	larg. m. c.

187 — Aquarelle.
Roches au bord de la mer. — 4 fr. — 24 — 35

188 — Aquarelle.
Étude au palais Borgia (Rome)............... — 4 — 23 — 33

189 — Aquarelle.
Paysage................... — 6 — 16 — 25

GÉROME.

190 — Dessin à la mine de plomb, figure entière.
Le Dante................ — 15 — 33 — 22

GLAIZE.

191 — Étude-tableau, tête.
Le Bohémien............ — 20 — 55 — 45

192 — Étude peinte.
Un Vieillard............ — 15 — 45 — 37

193 — Étude dessin.
Le Bohémien............ — 6 — 40 — 30

GLUCK.

194 — Aquarelle.
Paysage................ — 6 — » — »

	Prix des locations par mois.	Dimension des ouvrages.	
	—	haut. m. c.	larg. m. c.
195 — Aquarelle.			
Paysage..................,	6 fr.	20	16
196 — Tableau.			
Marche de soldats........	15	30	38
197 — Tableau.			
Paysage : Forêt de Marly..	15	80	54
198 — Étude peinte.			
Un Cheval.	4	22	30
199 — Tableau.			
La Cour du Château, avec personnages (costumes moyen âge).............	12	33	43
200 — Aquarelle.			
Arbres.	4	15	10
201 — Aquarelle.			
Paysage : Un Moulin.......	6	22	16

GOBERT (A.).

(Au prochain catalogue.)

GRISI (DE),

Membre correspondant à Caen.

(Au prochain catalogue.)

	Prix des locations par mois.	Dimension des ouvrages.	
		haut.	larg.
		m. c.	m. c.

GROBON (Eugène),

Membre correspondant à Lyon.

202 — Tableau.
Pêches.................... 6 fr.   22   34

203 — Tableau.
Pêches et Raisins......... 10   47   38

204 — Tableau (se font pendants).
Le Déjeuner au bois ; fruits.. 40   88   1 31

205 — Tableau (se font pendants).
Le Faisan indiscret; fruits.. 40   88   1 31

206 — Tableau.
Fraises................... 9   22   34

GROBON (F.-Frédéric).

207 — Tableau ; fleurs.
Les Roses s'effeuillent..... 12   30   42

208 — Tableau.
Gibiers (se font pendants) :
la Chasse............... 20   74   92

209 — Tableau.
Gibiers et poissons (se font
pendants) : la Pêche..... 20   74   92

210 — Tableau.
Tête de femme, copie d'a-
près le Titien ; musée de
Lyon..................... 10   46   33

	Prix des locations par mois.	Dimension des ouvrages.	
	—	haut. m. c.	larg. m. c.
211 — Tableau. Tête d'homme avec mains, copie d'après Raphaël; musée du Louvre......	12 fr.	65	50
212 — Étude peinte. Fleurs...............	4	40	32
213 — Tableau. L'Orage; groupe de roses..	15	45	55
214 — Étude peinte. Raisin rouge............	3	26	21
215 — Étude peinte. Raisin noir............	3	26	21
216 — Tableau. Fruits dans une coupe de marbre..............	15	38	54
217 — Tableau. Premières gouttes de pluie sur les roses (roses cent-feuilles).............	30	38	54
218 — Étude peinte. Une Vache couchée.......	4	33	48
219 — Étude peinte. Tête pour une sainte Vierge.	6	55	45
220 — Étude-tableau. Paysage: Porte du Sapey à la Grande Chartreuse (Isère).	9	40	32

	Prix des locations par mois.	Dimension des ouvrages.	
		haut. m. c.	larg. m. c.
221 — Tableau. Busison de roses cent-feuilles...	9 fr.	»	»
222 — Tableau. Buisson de roses cent-feuilles...	9	»	»
223 — Étude peinte. Quatorze Pêches...	6	35	75
224 — Tableau. Groupe de raisins blancs...	6	29	44
225 — Tableau. Roses blanches sur fond de bois...	10	44	29
226 — Étude peinte. Feuilles de vignes variées..	6	30	23
227 Étude peinte. Six Têtes de Négresses sur une même toile; poses variées...	9	50	52
228 — La sainte Vierge et l'enfant Jésus endormi. Ce tableau ovale est entouré d'un encadrement carré, orné de roses blanches. Figures grandeur naturelle, la Vierge à mi-corps...	60	1 42	1 22

	Prix des locations par mois. —	Dimension des ouvrages. — haut. m. c.	larg. m. c.

229 — Étude peinte.
Feuillages de Vigne, Rai-
sins, etc................ | 6 fr. | 64 | 41 |

GUILLON.

230 Étude peinte.
Paysage : Bord de rivière.. | 6 | 15 | 26 |

231 — Étude peinte.
Terrain (Morvan)......... | 4 | 24 | 31 |

232 — Etude peinte.
Chemin................ | 6 | 23 | 31 |

234 — Étude peinte.
Marais salants........... | 6 | 19 | 33 |

HAMON.

235 — Étude-tableau.
Paysage : Le Clocher du Vil-
lage................... | 9 | 16 | 20 |

236 — Étude peinte.
Tête de Nègre........... | 9 | 60 | 50 |

237 — Étude-tableau.
Une figure décorative : La
Cuisine, sur fond rouge.. | 12 | 75 | 50 |

238 — Étude-tableau.
Une figure décorative : L'é-
toile, sur fond blanc.... | 12 | 75 | 50 |

	Prix des locations par mois.	Dimension des ouvrages.	
		haut. m. c.	larg. m. c.
239 — Étude-tableau. Une figure décorative : L'Amour perroquet, grisaille.	12 fr.	75	50
239 *bis* — Étude-tableau. Une figure décorative : Hébé, grisaille...............	12	75	50
240 — Etude-tableau. Une figure décorative : Les Parfums, sur fond rouge.	12	75	50
241 — Aquarelle. La Lune, figure entière, rehaussée de gouache.....	12	26	20
242 — Tableau. Grisaille sur papier carton du tableau. (*Non en location.*)		1 50	3 »
243 — Dessin-étude. Tête de sainte Cécile au fusain....................	15	45	38
244 — Dessin étude. Tête de Jeune Fille au fusain.	10	40	35
245 — Étude-peinte. Intérieur d'un bois........	10	20	30
246 — Tableau. L'Espérance	24	32	45

	Prix des locations par mois.	Dimension des ouvrages.	
		haut. m. c.	larg. m. c.
247 — Etude peinte.			
Roches..................	6 fr.	23	30

HARPIGNIES.

248 — Tableau.			
Paysage : Vue prise dans la Haute-Saône...........	12	32	51
249 — Tableau.			
Paysage : Vue prise dans la Nièvre................	12	32	35
250 — Aquarelle.			
Paysage : Vue prise dans le port de Pau............	6	22	34
251 — Aquarelle.			
Paysage : Vue prise dans les Pyrénées...........	6	18	26
252 — Aquarelle.			
Paysage : Vue prise dans les Pyrénées.	6	17	27
253 — Aquarelle.			
Paysage : Pont de Jurançon (Pau)................	6	13	22
254 — Aquarelle.			
Paysage : Maisons à Rome.	6	26	18
255 — Aquarelle.			
Paysage avec figures : Sortie de l'Ecole.	6	11	17
256 — Aquarelle.			
Paysage : Vue de Pau......	9	22	40

	Prix des locations par mois.	Dimension des ouvrages.	
	—	haut. m. c.	larg. m. c.

257 — Aquarelle.
Paysage : Vue prise de la place Royale (Pau)....... 9 fr. 25 40

258 — Aquarelle.
Paysage : Entrée du Parc à Pau.................... 6 20 29

HUMBERT.

(Au prochain catalogue.)

IMLÉ.

(Au prochain catalogue.)

JANMOT.

259 — Tableau.
Une figure entière : Jeune Fille (bouton d'or)....... 30 45 55

260 — Tableau.
Le Christ et les saintes Femmes................ 24 35 55

261 — Étude peinte
Tête de jeune fille pour un ange, fresque de Saint-Polycarpe (Lyon).......... 6 25 20

262 — Étude peinte.
Tête pour un apôtre, fresque de Saint-Polycarpe (Lyon). 4 32 24

	Prix des locations par mois. —	Dimension des ouvrages. —	
		haut. m. c.	larg. m. c.

263 — Dessin-étude.
Tête pour le saint Matthieu, coupole de Saint-François (Lyon)................ — 6 fr. — 42 — 32

264 — Dessin.
Rosa Mystica................ — 9 — 45 — 28

265 — Dessin.
Tête de femme pour le plafond de S. M. l'Empereur à l'hôtel de ville de Lyon. — 4 — 34 — 31

266 — Dessin-étude.
Tête pour un ange (poëme de l'Ame)................ — 4 — 25 — 20

267 — Dessin-étude.
Tête de sainte Vierge, d'après le Pérugin (musée de Lyon). .... — 10 — 38 — 30

268 — Dessin.
Tête, petit saint Jean, d'après Raphaël (musée du Louvre). .... — 4 — 30 — 23

269 — Dessin.
Tête pour la coupole de Saint-François à Lyon (la Loi nouvelle). .... — 6 — 34 — 21

270 — Dessin.
Tête pour la fresque de l'Antiquaille (Lyon)...... — 4 — 29 — 23

	Prix des locations par mois.	Dimension des ouvrages.	
		haut. m. c.	larg. m. c.
271 — Dessin.			
Tête de femme : Rêverie...	9 fr.	55	40
272 — Dessin.			
Tête de jeune fille........	6	34	26
273 — Tableau (copie).			
Vierge et enfant Jésus, d'après l'école du Corrége...	12	53	43
274 — Étude peinte			
Pour la tête de la sainte Vierge, triptique de S. M. la reine de Naples.......	12	43	37
275 Etude peinte			
Pour un saint Jean, fresque de l'Antiquaille (Lyon)...	6	33	39
276 — Etude peinte.			
Paysage pour le poëme de l'Ame.	4	22	35
277 — Etude peinte.			
Tête pour un apôtre, fresque de Saint-François....	4	35	25
278 — Etude peinte			
Tête de jeune homme.....	4	33	37
279 — Etude peinte.			
Pour le Judas, fresque de l'Antiquaille à Lyon.....	6	31	25

	Prix des locations par mois.	Dimension des ouvrages.	
		haut. m. c.	larg. m. c.
280 — Etude peinte.			
Paysage à Hyères pour le poëme de l'Ame........	6 fr.	26	39
281 — Etude peinte.			
» (Ain).	4	31	46
282 — Tableau.			
Tête de sainte Vierge vue de profil.	12	40	31
283 — Etude peinte.			
Tête, portrait de Raphaël, copié au Louvre........	4	34	27

LAMBERT (Eugène).

(Au prochain catalogue.)

LAMOTHE.

284 — Une peinture pour vitraux.			
Saint Louis, figure entière.	15	1 05	50
285 — Tableau.			
Paysage (forme ronde).....	30	82	76

LANOUE.

286 — Étude-tableau.			
Paysage : L'Ariccia	12	35	41
287 — Étude-tableau.			
Paysage : Porte de Nepi...	12	41	35

	Prix des locations par mois. —	Dimension des ouvrages. —	
		haut. m. c.	larg. m. c.
288 — Étude-tableau.			
Paysage : Nepi..............	12 fr.	35	41
289 — Étude-tableau.			
Paysage : Lacava..........	12	41	35
290 — Étude peinte.			
Le Canal	6	22	31
291 — Étude peinte.			
Canal et Fabrique.........	6	22	31
292 — Étude peinte.			
Bois de Lahaye...........	6	11	19
293 — Étude peinte.			
Bois de Lahaye,...........	6	11	19
294 — Tableau.			
Paysage au pastel : Cassine de Pise................	30	35	64
295 — Tableau.			
Paysage au pastel : Environs de Paris..............	18	38	35
296 — Fragment de tableau.			
Copie d'après Berghem....	6	15	24
297 — Étude peinte.			
Pochade : Fleurs, ...	6	41	33

LAUVICH.

(Au prochain catalogue.)

	Prix des locations par mois. —	Dimension des ouvrages. —	
		haut. m. c.	larg. m. c.

LAVERGNE (Claudius).

(Au prochain catalogue.)

LAURENS (Jules).

298 — Aquarelle.
Turc des bords de la mer
Noire, garde-côtes....... 15 fr.   31   23

299 — Aquarelle.
Nature morte : Perdrix, etc.
(Auvergne) 12   35   26

300 — Aquarelle.
Nature morte : Lièvre..... 9   16   22

301 — Aquarelle.
Paysage : Le puits abandonné 12   21   26

302 — Aquarelle.
Paysage : Pacage à Tauves
(Auvergne) 12   26   44

303 — Dessin.
Tilleul à Serette (Auvergne). 9   54   36

304 — Aquarelle.
Vue de la Tour d'Auvergne. 9   26   44

305 — Dessin.
Tilleul des Montants (Au-
vergne)................ 15   33   43

	Prix des locations par mois. —	Dimension des ouvrages. — haut. m. c.	larg. m. c.
306 — Dessin.			
Les Luyans (Auvergne)....	12 fr.	33	45
307 — Aquarelle.			
Sujet de genre : Le repas dans un intérieur rustique à Tauves...............	12	37	32
308 — Dessin rehaussé.			
La mère Sophie.........	6	26	20
309 — Aquarelle.			
Une Vache couchée (Auvergne)...............	6	18	21
310 — Aquarelle.			
Petite fille auvergnate (Toinette)................	9	25	16

Appartenant à M. Lesecq (Henry).

	Prix des locations par mois.	Dimension des ouvrages. haut. m. c.	larg. m. c.
311 — Tableau.			
Les bains de mer (école moderne)...............	12	37	74
312 — Tableau.			
Basse-cour (école moderne).	15	52	61
313 — Tableau.			
Natures mortes, par Grobon (F.-F.)......	9	43	55
314 — Tableau.			
Coupe de fruits, par Grobon (F.-F.).............	15	80	70

	Prix des locations par mois.	Dimension des ouvrages	
		haut. m. c.	larg. m. c.

LEHMANN (Henri).

315 —

Portrait du R. P. Ventura, étude d'après nature, la tête seule sur un fond blanc.................. 20 fr. 70 75

316 — Étude peinte.
Tête d'Africain.......... 15 36 28

317 — Étude peinte.
Tête pour un Moïse....... 20 44 36

LESECQ (Henri).

318 — Études peintes.
Série de 34 études de tête variées, mains, etc., sur une même toile........ 12 54 55

319 — Études peintes.
Un cheval blanc et trois têtes de chevaux sur une même toile............ 9 51 42

320 — Étude peinte.
Les deux chambres à Pompéi (ruines)............ 9 46 38

321 — Étude peinte.
Vue d'une rue à Pompéi (ruines).................. 9 27 4

	Prix des locations par mois.	Dimension des ouvrages.	
	—	haut. m. c.	larg. m. c.

321 *bis* — Tableau.
Prière à la Madone, une seule figure de femme... 12 fr. — 41 — 33

322 — Tableau.
Intérieur de cuisine....... 6 — 22 — 26

323 — Tableau.
La Vendetta, une figure (homme)............. 6 — 27 — 21

324 — Tableau.
La Fileuse, une figure, femme âgée.............. 6 — 25 — 20

325 — Tableau.
La Grand'Mère lisant...... 4 — 22 — 16

326 — Tableau.
M. le Curé en lecture..... 9 — 16 — 21

327 — Tableau.
Nature morte : Pêche au vin. 4 — 26 — 34

328 — Fragment de tableau.
Esquisse peinte d'après Paul Véronèse (Noces de Cana). 6 — 46 — 34

329 — Copie de tableau.
Le Christ descendu de la croix (galerie Borghèse). 12 — 46 — 34

330 — Tableau.
Un jeune Curé en prière... 9 — 20 — 24

	Prix des locations par mois.	Dimens'on des ouvrages.	
	—	haut. m. c.	larg. m. c.

331 — Études peintes.

Deux têtes et une figure,
Casseurs de pierres...... 6 fr.   40   30

332 — Aquarelle.
Maison rustique.......... 4   25   20

333 — Dessin-étude.
Une Tête de vieillard..... 3   »   »

LOUVRIER DE LAJOLAIS.

(Au prochain catalogue.)

MARC.

334 —
Une Tête de lion, grandeur
naturelle, au pastel (vue
de profil)............... 12   46   54

MARTINUS KUYTENBROUWER

335 — Étude peinte.
Un Loup............... 9   38   46

336 — Étude peinte.
Renards morts, retour de
chasse................. 12   29   41

	Prix des locations par mois.	Dimension des ouvrages.	
		haut. m. c.	larg. m. c.

337 — Tableau.
Forme de panneau, une Chasse impériale à Fontainebleau .... 60 fr. 1 65 — 95

338 — Tableau.
Chasse au faucon, paysage.. 30 — 71 1 »

339 — Étude peinte.
Paysage où s'est passé le miracle de saint Hubert.. 9 — 22 — 30

340 — Étude peinte.
Prairie à Tichemont (Lorraine)................ 9 — 22 — 30

341 — Étude peinte.
Bois de Genivaux (Lorraine). 9 — 22 — 30

342 — Étude peinte.
Vue des ruines de Poilvache-sur-la-Meuse, près Dinant .... 9 — 22 — 30

343 — Étude-tableau.
Cerf et Lévriers écossais... 15 — 43 — 66

344 — Étude-tableau.
Gibiers et Fleurs en forme de panneau............. 15 — 63 — 49

MATOUT.

345 — Dessins aux deux crayons.
Plusieurs figures : Clinique Desault. ....

<table>
<tr><td></td><td>Prix des
locations
par
mois.
—</td><td>Dimension
des ouvrages.
—
haut. larg.
m. c. m. c.</td></tr>
</table>

346 — Dessins aux deux crayons.
Composition, les Médecins
(peste de Paris, 1180)....

347 — Dessins aux deux crayons.
Quatre figures, hallebar-
diers tirés d'Ambroise
Paré....................

348 — Dessins à plusieurs crayons.
(Ambroise Paré)...........

349 — Étude peinte.
Buste, Hallebardier (Am-
broise Paré)............

350 — Étude peinte.
Tête de guerrier (Ambroise
Paré)..................

351 — Étude peinte.
Tête d'étudiant (Ambroise
Paré)..................

352 — Étude peinte.
Tête de guerrier (Ambroise
Paré)..................

353 — Dessins aux deux crayons.
Trois figures isolées, la le-
çon orale de Lanfranco..

354 — Dessins.
Buste de femme, tiré de
Riche et Pauvre.........

	Prix des locations par mois.	Dimension des ouvrages.	
		haut. m. c.	larg. m. c.

355 — Dessin.
Tête d'homme à plusieurs crayons, Faune.........

356 — Dessin à plusieurs crayons.
Tête de femme de la Sabine................

MILLET

(Sculpteur).

(Au prochain catalogue.)

MOUCHOT.

357 —
Une rue au Caire........	6 fr.	34	21

358 —
Bazar de Kan Kalig.......	6	24	34

359 —
Boutique arabe...........	9	34	50

360 — Étude-tableau.
La Fileuse..............	9	40	30

361 —
Vue de Vézelay..........	4	27	33

362 —
Rue du Sultan Kalaoun.,...	12	35	37

	Prix des locations par mois.	Dimension des ouvrages.	
		haut. m. c.	larg. m. c.
363 — Dessin. Bord du Nil..............	6 fr.	30	25
364 — Dessin. Bazar du Kan Kalig.......	15	44	58
365 — Les Syndics des Drapiers, d'après Rembrand.......	24	30	43
366 — Aquarelle. Vue d'Astar, en Nabi (Egypte)...............	6	23	29
367 — Dessin. Un village égyptien........	9	30	37
368 — Aquarelle. Vue de Giseh.............	12	»	»
369 — Aquarelle. Vue de Kalig (Caire)......	12	»	»
370 — Dessin. Vue de Giseh............	15	37	54
371 — Étude-tableau. Vue prise au Vieux-Caire..	9	27	32
372 — Étude peinte. Un Chameau.............	6	31	25

MOUILLERON.

(Au prochain catalogue.)

	Prix des locations par mois.	Dimension des ouvrages.	
		haut. m. c.	larg. m. c.

PARAVEY (Mlle HENRIETTE),

Au Havre.

373 — Aquarelle.
Fleurs, branche de Con-
vulvulus. ....

4 fr.	31	24

374 — Aquarelle.
Fleurs, bouquet de Camellias

6	33	24

375 — Aquarelle.
Fleurs, bouquet de Pétunias.

6	25	20

376 — Aquarelle.
Fleurs, branche de Fuschia.

6	24	20

377 — Aquarelle.
Fleurs, bouquet de Narcisses,
Anémones, etc...........

9	33	26

378 — Aquarelle.
Fleurs, branche de Polonia.

6	36	30

379 — Aquarelle.
Fleurs, bouquet de Camel-
lias, Anémones, etc......

9	37	31

380 — Aquarelle.
Fleurs, branche de Rose,
Morandia, Solanics......

12	38	36

381 — Aquarelle.
Un Rosier.............o

4	26	24

	Prix des locations par mois. —	Dimension des ouvrages. —	
		haut. m. c.	larg. m. c.

PENSOTTI (Mme C.).

382 — Tableau.
Pastel : Tête de Jeune Fille. | 15 fr. | 55 | 44

383 — Tableau.
Pastel : Tête de Jeune Femme............... | 15 | 55 | 46

384 — Tableau.
Pastel : Buste de Jeune Fille vue de profil........... | 20 | 63 | 50

385 — Tableau.
Pastel : Tête de Jeune Fille. | 15 | 45 | 40

386 — Tableau.
Pastel : Tête de Jeune Fille. | 6 | 45 | 37

RANVIER.

(Au prochain catalogue.)

REYBER, architecte.

387 —
Un cadre contenant trois écussons, ornements au lavis. .... | 30 | 27 | 87

RISLER (Auguste),
Membre correspondant à Bade.

388 — Etude peinte.
Académie...................

	Prix des locations par mois.	Dimension des ouvrages.
	—	—
		haut. larg.
		m. c. m. c.

389 — Etude peinte.

Académie................

390 — Tableau.

Un Enfant en prière.......

391 — Tableau.

Copie des Chevaux de ri-
vière de Decamps (musée
du Louvre.)............

(Les n°s 388, 389, 390 et 391 seront livrés prochaine-
ment.)

SCHUTZEMBERGER.

392 — Etude peinte.

Tête d'homme ; Un Italien.   15 fr.   »   »

393 — Etude peinte.

Tête de femme vue de
profil................   12   »   »

394 — Dessin.

La sainte Vierge et l'enfant
Jésus, d'après un dessin
de Raphaël...........   15   »   »

395 — Dessin.

Tête d'homme, d'après un
dessin de Léonard de
Vinci.   10   »   »

	Prix des locations par mois.	Dimension des ouvrages.	
	—	haut. m. c.	larg. m. c.

396 — Dessin.

Tête d'expression, d'après un dessin de Michel-Ange. 12 fr. » »

397 — Dessin.

Jeune femme à mi-corps, d'après un dessin de Léonard de Vinci.......... 15 » »

SIGNOL.

398 — Tableau.
La Femme adultère, 1er tableau.................... 60 1 40 1 10

399 — Tableau.
La Femme adultère, 2e tableau.................... 60 1 40 1 10

400 — Tableau.
Le Christ descendu de la Croix, figures de grandeur naturelle. .... 100 1 » 2 5

401 — Tableau.
La Sainte Famille, figures de grandeur naturelle et à mi-corps. .... 100 1 10 1 »

402 — Tableau.
La fée, la péri et l'Enfant.. 100 1 50 1 40

	Prix des locations par mois.	Dimension des ouvrages.	
		haut. m. c.	larg. m. c.

STOP.

403 — Aquarelle.
Jeune Italienne à mi-corps — 6 fr. — 32 — 23

404 — Aquarelle.
Jeune Italienne à mi-corps. — 6 — 32 — 23

405 — Dessin-étude.
Jeune Italienne, figure en-
tière, aux deux crayons.. — 6 — 40 — 23

406 — Dessin à la mine de plomb.
Figure entière, costume an-
tique.................. — 4 — 30 — 20

407 — Dessin-étude.
Tête d'homme de profil... — 4 — 25 — 20

TCHOUMAKOFF.

408 Etude peinte.
Tête de femme italienne...

409 — Aquarelle.
Jeune Femme............

410 — Aquarelle.
Jeune Femme............

411 —

(Les nos 408, 409, 410 et 411 seront livrés sous peu.)

Prix des Dimension
locations des ouvrages.
par —
mois. haut. larg.
— m. c, m. c,

TISSOT.

(Au prochain catalogue.)

TOULMOUCHE.

412 — Etude peinte.
Tête de jeune fille........

413 — Etude peinte.
Tête de jeune fiille........

414 — Tableau.
Jeune Fille. ....
(Les n⁰ˢ 412, 413 et 414 seront livrés sous peu.)

TABLEAUX

AQUARELLES, DESSINS, ETC

appartenant à MM. les artistes

MEMBRES DE L'AGENCE DES BEAUX-ARTS

Appartenant à *M. Froment*

Par feu Burthe.

	Prix des locations par mois.	Dimension des ouvrages. haut. larg. m. c. m. c.
415 — Étude peinte. Jeune fille, tête vue de profil.	6 fr.	» »
416 — Étude peinte. Jeune fille vue de face.....	6	» »
417 — Étude peinte. Vue de profil.............	4	»
418 — Étude peinte. Vue de profil.............	6	»

Appartenant à *M. Matout*

Par feu Lebouy

419 — Étude peinte. Un Bœuf.................	»	»

	Prix des locations par mois. —	Dimension des ouvrages. — haut. m. c.	larg. m. c.
420 — Étude-tableau.			
Paysage par feu Michel....	10 fr.	44	60
421 — Étude peinte.			
Porte gothique (auteur inconnu)................	3	28	22
422 — Étude peinte.			
Haut d'un village (auteur inconnu)...............	3	25	35
423 — Étude peinte.			
Bord de la mer (auteur inconnu)................	3	24	31
424 — Étude peinte.			
Vue du Vésuve (auteur inconnu)................	3	20	30
425 — Étude peinte.			
Ruines en Italie (auteur inconnu)............,...	3	20	34
426 — Étude peinte.			
Rochers au bord de la mer (auteur inconnu)........	3	31	40
427 — Étude peinte.			
Un torrent (auteur inconnu)	4	36	48

Appartenant à M. Grobon (F.-F.)

	Prix des locations par mois. —	Dimension des ouvrages. —	
		hout. m. c.	larg. m. c.
428 — Étude peinte.			
Tronc d'arbre (auteur inconnu)..............	3 fr.	35	25
429 — Étude peinte.			
Un Moulin (auteur inconnu).	3	30	20
430 — Étude peinte.			
Montagnes (auteur inconnu).	3	30	46
431 — Tableau.			
Marine, pendant (auteur inconnu)...............	6	17	22
432 — Tableau.			
Marine, pendant (auteur inconnu)...............	6	17	22
433 — Étude peinte.			
Ile en mer (auteur inconnu).	3	19	35
434 — Portrait du temps.			
Henriette de Coullange (buste), école de Mignard.	15	58	34
435 — Portrait du temps.			
Tête, école de Rubens.....	9	45	35
436 — Portrait du temps.			
Un Peintre (auteur inconnu).	9	45	35
437 — Étude peinte.			
Un Taureau (auteur inconnu...............	6	25	35

	Prix des locations par mois.	Dimension des ouvrages.	
		haut. m. c.	larg. m. c.

438 — Tableau ancien.

École Lesueur, sainte Catherine, figure à mi-corps.................... 20fr. 1 » 75

439 — Étude peinte.

Rocher dans l'ombre (auteur inconnu)............... 3 38 50

440 — Étude peinte.

Haut d'un village (auteur inconnu)............... 3 21 30

441 — Étude peinte.

Tronc d'arbre, chêne (auteur inconnu)........... 3 28 22

442 — Aquarelle.

Paysage par Rubé......... 12 » »

443 — Aquarelle.

Sur vélin, époque Louis XV, tulipe, etc., avec un encadrement gouaché, ornement de l'époque....... 20 » »

444 — Dessin au crayon rouge.

Par Oudry, gibiers, chiens de chasse et architecture. 15 » »

445 — Lavis.

Paysage (auteur inconnu).. 4 » »

	Prix des locations par mois.	Dimension des ouvrages.	
		haut.	larg.
	—	m. c.	m. c.
446 — Lavis.			
Architecture, ancien mausolée (auteur inconnu)...	6 fr.	»	»
447 — Aquarelle ancienne.			
Genre Berghem, paysage avec figures.............	15	»	»
448 — Étude-tableau.			
Un Village dans les Pyrénées (auteur moderne et inconnu)..............	12	»	»
449 — Tableau ancien.			
L'Annonciation (auteur moderne et inconnu).......	20	»	»
450 — Tableau ancien.			
Paysage, Vue d'Italie, école du Poussin...........	20	»	»
451 — Tableau ancien.			
Le pendant, Vue d'Italie...	20	»	»

SUPPLÉMENT

———

<table>
<tr><td></td><td>Prix des
locations
par
n.ois.
—</td><td>Dimension
des ouvrages.
—
haut. larg.
m. c. m. c.</td></tr>
</table>

LEMOINE.

452 —

Un sous-verre composé de cinq feuilles de croquis variés, d'après les maîtres.   6 fr.   »   »

453 —

Un sous-verre composé de trois feuilles de croquis d'après les maîtres, dont deux têtes à l'aquarelle et pastel...................   6·   ».   »

Appartenant à Mme Lemoine,

par feu Lavoine.

454 — Étude peinte.

Une tête de vieillard......   6   37   31

	Prix des locations par mois. —	Dimension des ouvrages. —	
		haut. m. c.	larg. m. c.

455 —

Une copie de la Transfigu-
ration, peinte en grisaille
pour les trois figures du
haut, toutes les figures du
bas achevées et dans le
ton du modèle.......... 20 fr.   80   57

HARPIGNIES.

456 — Etude-tableau.
Paysage, Canal dans le Ni-
vernais.................. 12   »   »

GROBON F.-F.

457 — Aquarelle.
Ruines en Italie, d'après ***   6   »   »

458 — Aquarelle.
Château foit, d'après ***...   4   »   »

459 Aquarelle.
Ferme de Bretteville (Calvados) au château d'Outre-
laire...................   »   »

460 — Aquarelle.
Moulin d'Urville (Calvados).   4   »   »

461 — Aquarelle.
Chaumière à Saint-Germain
(Calvados)...........   4   »   »

	Prix des locations par mois.	Dimension des ouvrages. haut. larg. m. c. m. c.
462 — Aquarelle. Ruines du château de Châtillon-Lazergue (Rhône)..	4 fr.	»
463 — Aquarelle. Tête de Kurde, d'après Duhousset (Emile). [Voyage en Perse.]............	4	» »
464 — Aquarelle. Femme des environs de Strasbourg vue de dos........	4	» »

GLUCK.

| **465** — Aquarelle. Un écolier............... | 6 | »   » |
| **466** — Aquarelle. Tête d'étude............. | 4 | »   » |

DUMAS (Michel).

| **467** — Dessin. Tête d'homme, d'après nature (pour le tableau do saint Pierre)........... | 4 | »   » |
| **468** — Dessin. Tête de femme, d'après Raphaël................. | 6 | »   » |

	Prix des locations par mois.	Dimension des ouvrages.	
	—	haut. m. c.	larg. m. c.
469 — Dessin. Tête d'homme, d'après Raphaël......	6 fr.	»	»
470 — Dessin. Deux Têtes de femmes, d'après Raphaël...........	6	»	»
471 — Dessin. Tête, d'après Raphaël.....	6	»	»
472 — Dessin. Tête d'enfant, d'après Raphaël.................	6	»	»
473 — Dessin. Tête de femme, d'après Raphaël.................	6	»	»
474 — Dessin. Tête de jeune homme (pour le tableau de saint Pierre).	4	»	»
475 — Dessin. Tête d'homme (pour le tableau de saint Pierre)...	4	»	»
476 — Dessin. Tête d'homme de profil (pour le tableau de saint Pierre)...............	4	»	»
477 — Dessin. Tête d'homme de face (pour le tableau de saint Pierre).	4	»	»

	Prix des locations par mois.	Dimension des ouvrages. haut. larg.	
	—	m. c.	m. c.

478 — Dessin.
Tête d'homme de face (pour le tableau de saint Pierre). 4 fr. » »

479 — Dessin.
Tête d'homme de trois quarts (pour le tableau de saint Pierre)............ 4 » »

480 — Tableau.
Tête de jeune homme de profil (pour le tableau de saint Pierre). .... 4 3 »

481 — Dessin.
Tête de jeune homme de trois quarts (pour le tableau de saint Pierre).... 4 » »

482 — Dessin.
Tête d'homme de profil (pour le tableau de saint Pierre). .... 4 » »

483. — Dessin.
Tête d'homme de trois quarts (pour le tableau de saint Pierre)............ 4 » »

484 — Dessin.
Tête d'homme, pour un Christ vu de face........ 4 » »

485 — Dessin.
Tête de vieillard de profil. 4 » »

	Prix des locations par mois. —	Dimension des ouvrages. — haut. m. c.	larg. m. c.
486 — Dessin. Tête d'homme de profil....	4 fr.	»	»
487 — Dessin. Têtes, une mère et son enfant....................	8	»	»
488 — Dessin. Tête, jeune homme de profil......................	4	»	»
489 — Dessin. Tête de femme de profil...	4	»	»
490 — Dessin. Tête de femme de face....	4	»	»
500 — Dessin. Tête de femme de trois quarts................	4	»	»
501 — Dessin. Tête, jeune femme de trois quarts................	4	»	»
502 — Dessin. Tête, femme âgée, de trois quarts................	6	»	»
503 — Dessin. Deux têtes, femme et homme	6	»	»
504 — Dessin. Deux têtes d'hommes......	4	»	»
505 — Dessin. Deux têtes d'hommes.	4	»	»

	Prix des locations par mois. —	Dimension des ouvrages. — haut. m. c.	larg. m. c.

506 — Dessin.

Deux têtes d'hommes...... 4 fr. » »

507 — Sous ce numéro, 21 dessins, études de pieds et mains dans diverses positions.

Chaque sous verre....... 4 » »

M. HUMBERT.

508 —

Le Goûter, esquisse peinte. 9 » »

509 —

Deux Filles de pêcheur, esquisse peinte........... 9 » »

510 Dessin.

Vue du Tréport, esquisse
peinte. .... 6 » »

511 — Dessin.

Vue du Tréport, esquisse
peinte................. 6 » »

512 — Dessin.

Vue d'Amboise , esquisse
peinte................. 6 » »

Appartenant à M. F.-F. Grobon.

513 Dessin.

Le bois de Vincennes en 1761,
auteur inconnu......... 6 » »

	Prix des locations par mois. —	Dimension des ouvrages. —	
		haut. m. c.	larg. m. c.

514 — Tableau, école moderne.
(Auteur inconnu.) Moutons
au pâturage............ 15 fr. | » | »

515 — Etude-tableau.
Paysage, esquisse.......... 6 | » | »

M. BRION.

516 —
Environs de Roskoff (Bretagne), étude........... »

517 — Etude.
Paysage................ »

518 Etude.
Une Grève.............. »

519 — Etude.
Intérieur................ »

520 Etude.
Rue à Saint-Jean-de-Luz... »

521 — Etude.
Une Grève.............. »

522 — Etude.
Cuisine................ »

523 — Etude.
Une Ferme (Vosges)....... »

	Prix des locations par mois. —	Dimension des ouvrages. — haut. larg. m. c. m. c.		

524 — Etude.
Intérieur. .... » fr.

525 — Etude.
Intérieur à Alsau.......... »

526 — Etude.
Intérieur de Breton........ »

MATOUT.

527 — Un grand dessin.
Le Christ descendu de la
croix................... »

528 — Un grand dessin.
Deux saintes Femmes au
pied de la croix.......... »

FAVERJON.

529 — Étude-tableau.
Un Pifferari. 10   55   43

530 — Étude.
Une Marine............... 4   55   20

531 — Tableau.
Paysage, bords de la Bièvre
(Seine)................. 6   22   29

532 — Etude peinte.
Un Cavalier, d'après Géri-
cault.................. 4   25   18

	Prix des locations par mois.	Dimension des ouvrages.	
	—	haut. m. c.	larg. m. c.
533 — Etude peinte.			
Un Cavalier, d'après Géricault....................	4 fr.	25	18
534 — Tableau.			
Le Christ en croix.........	50	1 60	1 »
535 — Tableau.			
Intérieur, un Tourneur....	15	42	60
536 — Tableau.			
Intérieur, un Forgeron.....	15	42	60
(Les nᵒˢ 535 et 536 se font pendants.)			
537 — Etude.			
Un Ane harnaché.........	4	21	33
538 — Tableau (pastel).			
Un Lavoir................	10	38	45
539 — Tableau.			
Intérieur, un Forgeron.....	10	20	21
(Quatre tableaux, se faisant pendants, représentant les quatre Saisons, les quatre Ages et les Quatre Heures du jour.)—Description :			
540 —			
Le Printemps : Une Jeune Fille nue est couchée avec des amours dans un paysage, par un soleil levant.	30	80	1 72
541 —			
L'Été : Une Femme nue est			

	Prix des locations par mois.	Dimension des ouvrages.	
	—	haut. m. c.	larg. m. c.
couchée avec des amours à l'ombre d'un arbre, par un effet de plein midi...	30 fr.	80	1 72
542 — L'Automne : Une Bacchante couchée avec des amours, effet de crépuscule.....	30	80	1 72
543 — L'Hiver : Une Femme âgée avec un enfant sont cou- chés dans un paysage, avec effet de neige..........	30	80	1 72

(Ces quatre tableaux ne sont pas exposés à l'Agence. On pourra les voir chez l'auteur.)

FLANDIN (Paul).

	Prix des locations par mois.	haut.	larg.
544 — Etude peinte. Vue de Saint-Pierre de Rome ; paysage..........	12	30	30
545 — Etude peinte. Vue du Bugey ; paysage...	12	25	34
546 — Etude peinte. Forêt de Sénart ; paysage...	12	27	37
547 — Etude peinte. Chêne vert ; villa Borghèse (Rome)...............	9	27	37

	Prix des locations par mois. —	Dimension des ouvrages — haut. m. c.	larg. m. c.
548 — Etude peinte.			
Du temple de Vénus et de Rome près le Colisée....	15 fr.	29	45

Appartenant à M. Flandin (Paul).

549 — Une étude-tableau.			
Marine attribuée à Géricault.	12	45	54
550 — Une étude peinte.			
Tête d'homme, ancien pensionnaire de Rome......	9	45	40
551 — Etude peinte.			
Vue du mont Soratto, environs de Rome. (Auteur inconnu.)..............	9	33	60

FRANÇAIS.

552 — Etude peinte.			
Soleil couchant à Bougival (arbres).	9	28	40
553 — Etude peinte.			
Le Moissonneur...........	9	28	40
554 — Dessin-étude.			
Vue prise à Grenelle......	4	25	38
555 — Dessin.			
Bas Meudon, effet de soleil couchant	9	30	42
556 — Dessin étude.			
Châtaignier près Genève...	9	30	42

	Prix des locations par mois. —	Dimension des ouvrages. —	
		haut. m. c.	larg. m. c.
557 — Dessin.			
Pour le tableau du Luxembourg....................	9 fr.	42	30
558 Dessin-étude.			
Étang. Vaux de Cernay....	4	18	28
559 — Dessin-étude.			
Vue du port de Genève....	6	28	35
560 — Dessin.			
Vue de la plaine d'Hyères.	9	28	38
561 — Dessin.			
Pins au bord de la mer, environs d'Hyères.........	9	28	38

COROT.

	Prix des locations par mois.	haut. m. c.	larg. m. c.
562 — Etude peinte			
A Ablon.................	6	27	40
563 — Etude peinte.			
Villa Borghèse...........	12	22	35
564 — Etude peinte.			
Près Beauvais............	12	35	36
565 Etude peinte			
à Ville-d'Avray..........	9	42	34
566 — Etude-tableau.			
Château-Thierry.	12	34	46
567 — Etude peinte.			
A Boulogne-sur-Mer.......	6	24	38

	Prix des locations par mois.	Dimension des ouvrages,	
	—	haut. m. c.	larg. m. c.
568 — Etude peinte.			
A Aiserey (Côte-d'Or).....	6 fr.	40	32
569 — Etude peinte.			
Jeune Femme lisant (à mi-corps)........:	9	55	38
570 — Etude peinte.			
Une Jeune Fille (à mi-corps)	9	42	32
571 — Etude-tableau.			
Lisière de bois à Ville-d'Avray................	24	72	54

AVIS

La collection s'augmentant tous les jours par suite des nouvelles adhésions, un deuxième supplément donnera la description des nouveaux modèles qui seront déposés à l'Agence, lorsque le nombre en sera suffisamment augmenté.

F.-F. GROBON,
Fondateur, directeur-gérant inamovible.

Typographie E. PANCKOUCKE et Cᵉ, quai Voltaire, 15.